Impressum
Verlag: BABADADA GmbH, Nedderfeld 112 , 22529 Hamburg
Geschäftsführer / Verlagsleitung: Harald Hof
Druck: Books on Demand GmbH, In de Tarpen 42, 22848 Norderstedt

Imprint
Publisher: BABADADA GmbH, Nedderfeld 112 , 22529 Hamburg, Germany
Managing Director / Publishing direction: Harald Hof
Print: Books on Demand GmbH, In de Tarpen 42, 22848 Norderstedt

sekoly
école

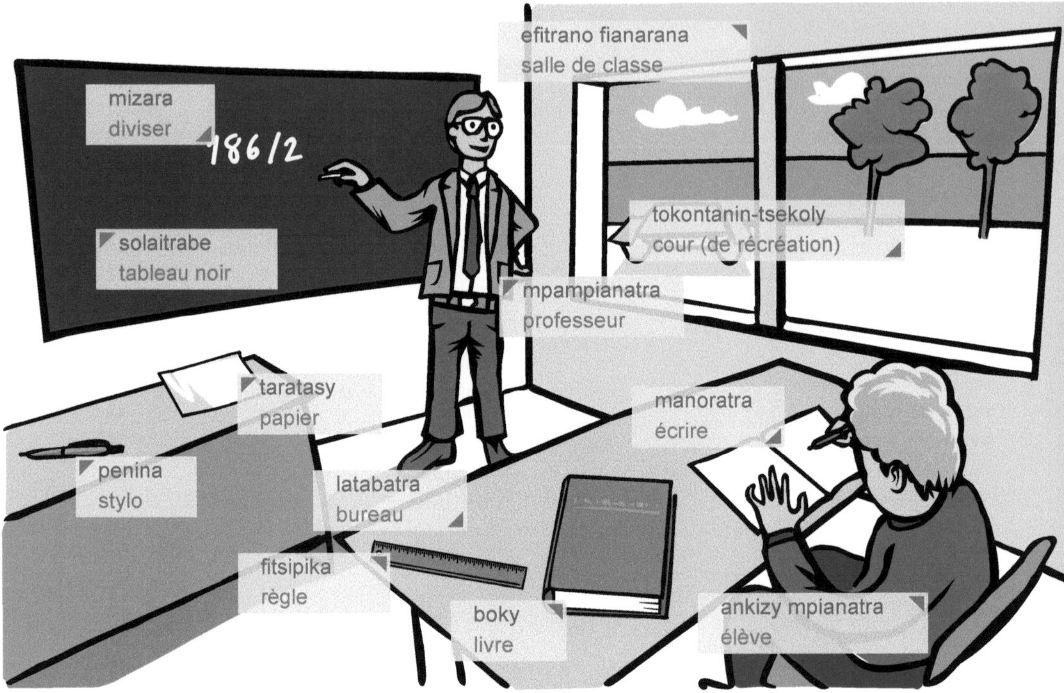

efitrano fianarana
salle de classe
mizara
diviser
186/2
solaitrabe
tableau noir
tokontanin-tsekoly
cour (de récréation)
mpampianatra
professeur
taratasy
papier
manoratra
écrire
penina
stylo
latabatra
bureau
fitsipika
règle
boky
livre
ankizy mpianatra
élève

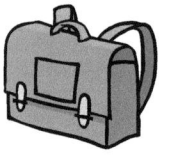

kitapo

cartable

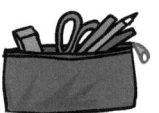

torosy

trousse

pensilihazo

crayon

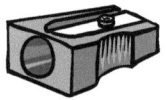

fandrangitana pensilihazo

taille-crayon

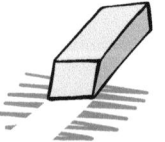

gaoma

gomme

karne fanaovana sary

carnet à dessin

sary

dessin

borosy fandokoana

pinceau

boaty loko

boîte de peinture

hety

ciseaux

lakaoly

colle

kahie fampiasàna

cahier d'exercices

enti-mody

devoirs

12

tarehi-marika

chiffre

2+2

manampy

additionner

5-2

manala

soustraire

2×2

mampitombo

multiplier

mikajy

calculer

A

taratasy

lettre

ABCDEFG HIJKLMN OPQRSTU VWXYZ

abidia

alphabet

hello

teny

mot

lahatsoratra

texte

mamaky

lire

tsaoka

craie

lesona

leçon

boky fianarana

livre de classe

fanadinana

examen

sertifikà

certificat

fanamian'ny mpianatra

uniforme scolaire

fiofanana

formation

raki-pahalalana

lexique

oniversite

université

mikraoskaopy

microscope

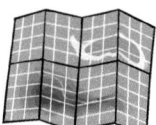

sarintany

carte

fanariana fako taratasy

corbeille à papier

hôtely
hôtel

Grand

tranom-bahiny
auberge

toerana fanakalozana vola
bureau de change

ÉCHANGE

valizy
valise

fiara
voiture

fiteny

langue

eny / tsia

oui / non

Eny àry

d'accord

salama

Salut

mpandika teny

interprète

Misaotra

merci

ohatrinona...?

Combien coûte...?

Tsy azoko izany

Je ne comprends pas

olana

problème

Salama ô!

Bonsoir !

Arahaba tra-maraina e!

Bonjour !

Tsara mandry ô!

Bonne nuit !

veloma

Au revoir

fitantanana

direction

entan'ny mpandeha

bagages

harona

sac

kitapo

sac-à-dos

vahiny

hôte

efitrano

pièce

fandriana enti-tànana

sac de couchage

tanty

tente

birao miandraikitra ny fizahantany
....
office de tourisme

moron-tsiraka
....
plage

fahana amin'ny karatra
....
carte de crédit

sakafo maraina
....
petit-déjeuner

sakafo atoandro
....
déjeuner

sakafo hariva
....
dîner

tapakila
....
billet

ascenseur
....
ascenseur

hajia
....
timbre

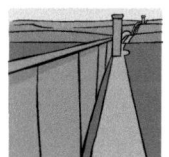

tany manasaraka
....
frontière

fadin-tseranana
....
douane

ambasady
....
ambassade

visa
....
visa

pasipaoro
....
passeport

fiara-manidina
avion

sambo
navire

fiaran'ny mpamonjy voina
véhicule de pompiers

fiara fitaterana
bus

kamiao
camion

na aingam-pandeha
au à moteur

fiara fitaterana
bus

bisikileta
bicyclette

fiara
voiture

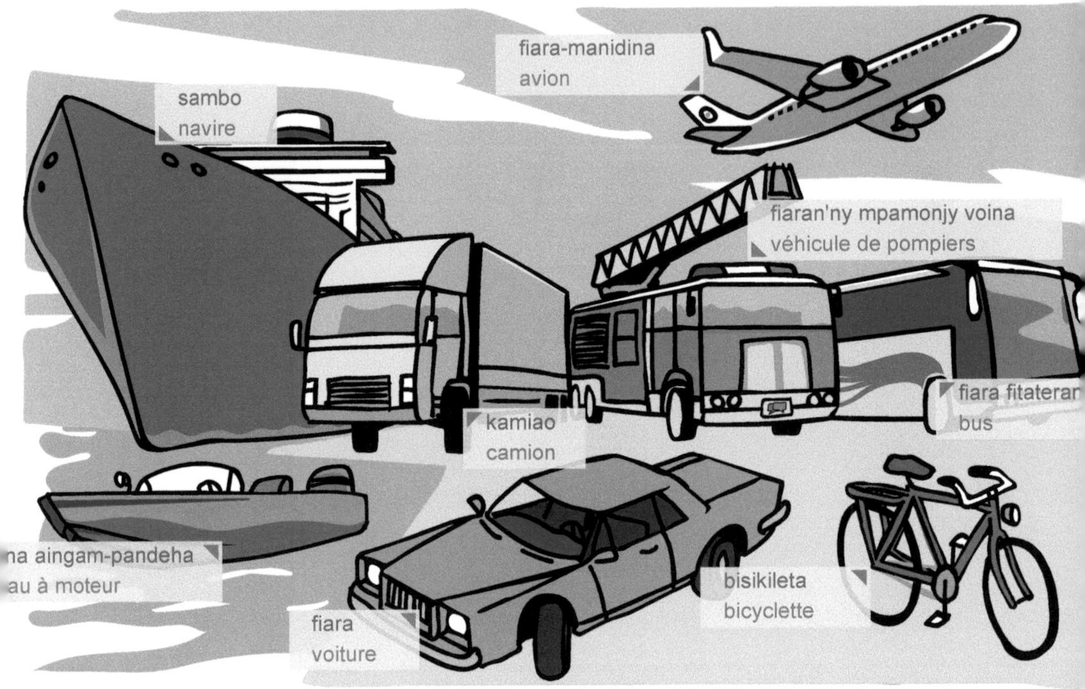

sambobe

ferry

sambo

barque

môtô

moto

fiaran'ny polisy

voiture de police

fiara mpihazakazaka

voiture de course

fiara fanofa

voiture de location

zara fiara

auto-partage

fiara etsy babeko

voiture de remorquage

fiara mpitatitra fako

benne à ordures

môtera

moteur

solika

essence

tobin-tsolika

station d'essence

tondro fifamoivoizana

panneau indicateur

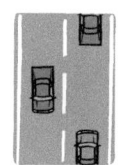

fifamoivoizana

trafic

fitohanan'ny fifamoivoizana

embouteillage

fitobian'ny fiara

parking

fiantsonan'ny fiaran-dalamby

gare

lalamby

rails

fiaran-dalamby

train

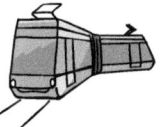

tramway

tramway

kalesy

wagon

angidimby

hélicoptère

seranam-piaramanidina

aéroport

tilikambo

tour

mpandeha

passager

kaontenera

conteneur

baoritra

carton

chariot

chariot

harona

corbeille

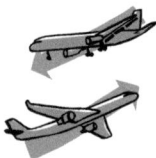

miainga / midina

décoller / atterrir

renivohitra
ville

ambanivohitra

village

afovoan-tanàna

centre-ville

trano

maison

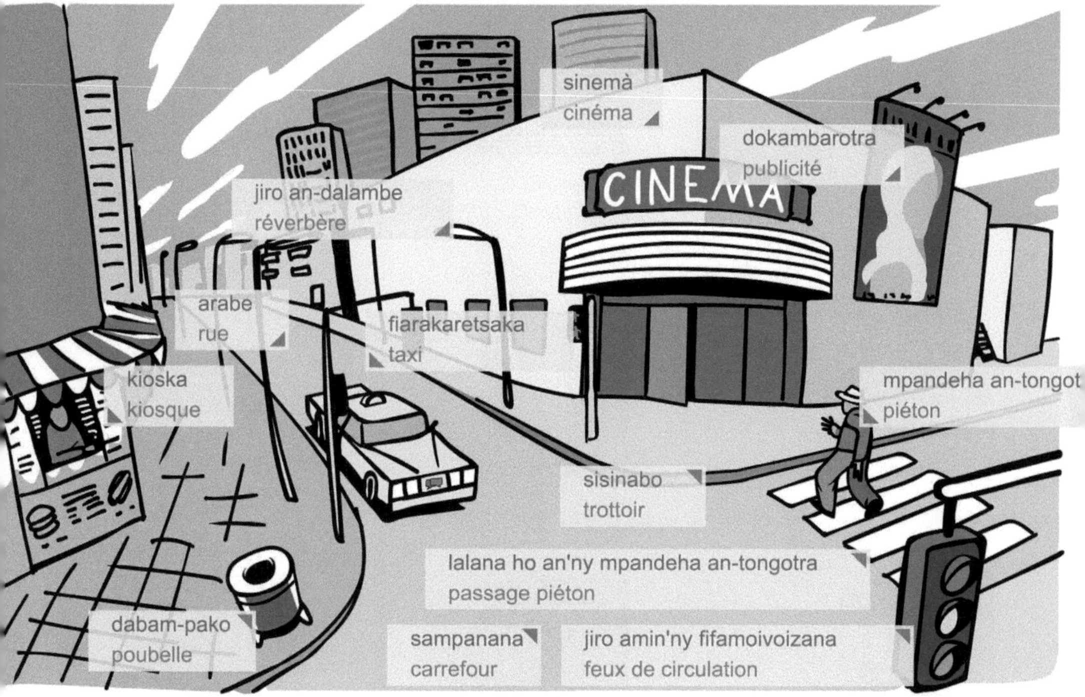
sinemà
cinéma
dokambarotra
publicité
CINEMA
jiro an-dalambe
réverbère
arabe
rue
fiarakaretsaka
taxi
kioska
kiosque
mpandeha an-tongot
piéton
sisinabo
trottoir
lalana ho an'ny mpandeha an-tongotra
passage piéton
dabam-pako
poubelle
sampanana
carrefour
jiro amin'ny fifamoivoizana
feux de circulation

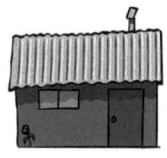

trano bongo

cabane

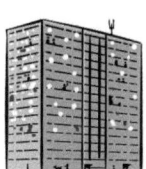

tranobe

appartement

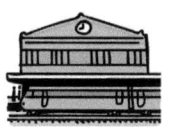

fiantsonan'ny fiaran-dalamby

gare

firaisana

mairie

MUSEUM

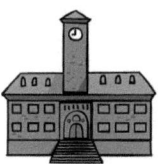

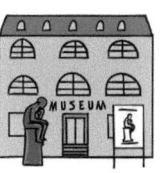

donia

musée

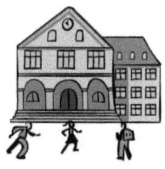

sekoly

école

oniversite

université

banky

banque

hopitaly

hôpital

hôtely

hôtel

farmasia

pharmacie

birao

bureau

fivarotam-boky

librairie

fivarotana

magasin

mpivarotra voninkazo

fleuriste

supermarché

supermarché

tsena

marché

tranobe fivarotana

grand magasin

mpivarotra trondro

poissonnerie

toeram-pivarotana lehibe

centre commercial

seranana

port

valan-javaboary

parc

latabatra

banque

tetezana

pont

totohatra

escaliers

metrô

métro

tonelina

tunnel

fiantsonan'ny fiara
mpitondra olona

arrêt de bus

bara

bar

toeram-pisakafoanana

restaurant

boatin-taratasy paositra

boîte à lettres

famantarana an-arabe

panneau indicateur

parcmètre

parcmètre

valan-javaboary

zoo

dobo filomanosana

piscine

moskea

mosquée

toeram-pambolena
ferme

loto
pollution

fasana
cimetière

trano fiangonana
église

tokontany filalaovana
aire de jeux

tempoly
temple

endritany

paysage

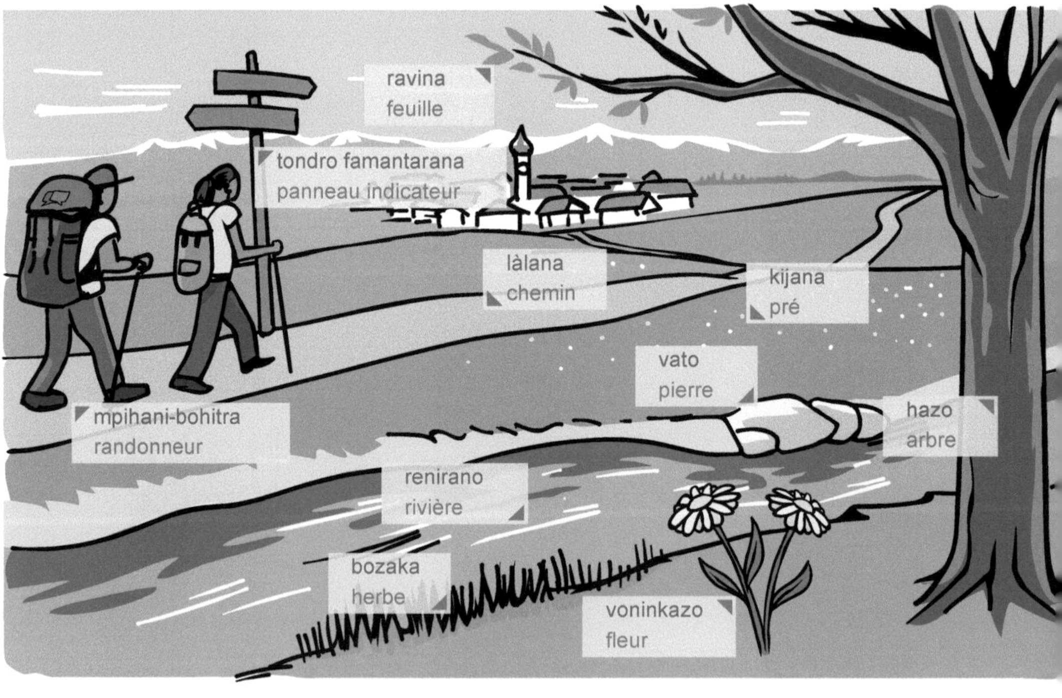

ravina
feuille

tondro famantarana
panneau indicateur

làlana
chemin

kijana
pré

vato
pierre

hazo
arbre

mpihani-bohitra
randonneur

renirano
rivière

bozaka
herbe

voninkazo
fleur

lemaka

vallée

vohitra

montagne

laka

lac

ala

forêt

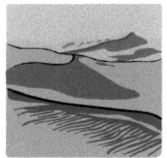

tany hay

désert

volkano

volcan

rova

château

avana

arc-en-ciel

holatra

champignon

hazom-boanio

palmier

moka

moustique

lalitra

mouche

vitsika

fourmis

tantely

abeille

hala

araignée

endritany - paysage   15

voangory

coléoptère

sahona

grenouille

vontsira

écureuil

trandraka

hérisson

bitro

lièvre

vorondolo

chouette

vorona

oiseau

gisabe

cygne

lambo

sanglier

cerf

cerf

voalavo

élan

toha-drano

barrage

helisy ahodin-drivotra

éolienne

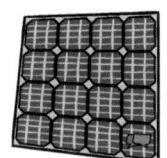

takela-masoandro

panneau solaire

toetr'andro

climat

toeram-pisakafoanana
restaurant

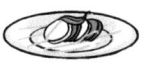

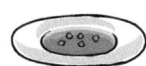

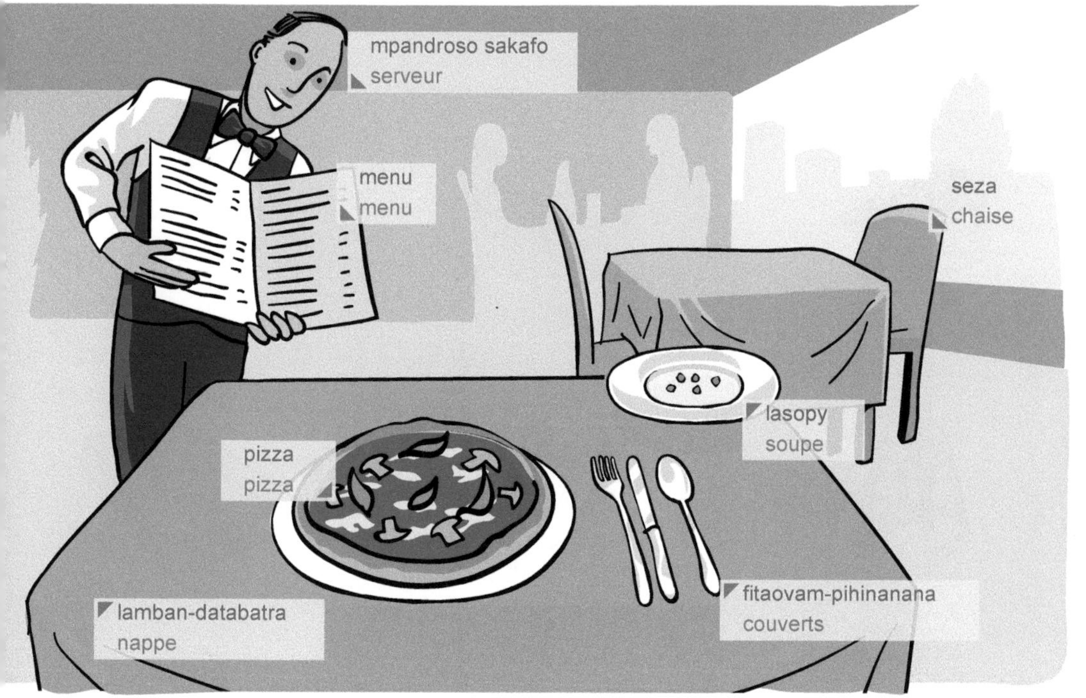
mpandroso sakafo
serveur
menu
menu
seza
chaise
lasopy
soupe
pizza
pizza
lamban-databatra
nappe
fitaovam-pihinanana
couverts

entrée
hors d'œuvre

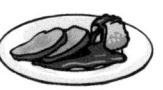

sakafo fototra
plat principal

desera
dessert

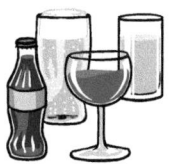

zava-pisotro
boissons

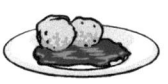

sakafo
alimentation

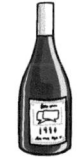

tavoahangy
bouteille

fast food

fast-food

sakafo an-dalambe

plats à emporter

fitoerana dite

théière

fitoeran-tsiramamy

sucrier

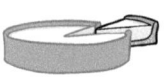

singany

portion

milina espresso

machine à expresso

seza avo

chaise haute

faktiora

facture

lovia fandrosoana sakafo

plateau

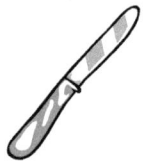

antsy

couteau

sotrorovitra

fourchette

sotro

cuillère

sotrokely

cuillère à thé

servieta

serviette

vera

verre

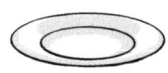

vilia

assiette

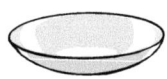

vilian-dasopy

assiette à soupe

vilia bory

soucoupe

saosy

sauce

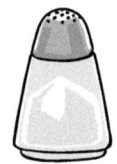

fitoeran-tsira

salière

milina dipoavatra

moulin à poivre

vinaingitra

vinaigre

solika

huile

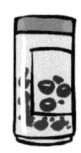

zava-manitra

épices

ketchup

ketchup

voan-tsinapy

moutarde

maionezy

mayonnaise

supermarché

supermarché

fihenam-bidy
offre promotionnelle
FOR
mpividy
client
sakafo avy amin'ny ronono
produits laitiers
voankazo
fruits
chariot
chariot

BUTCHERS

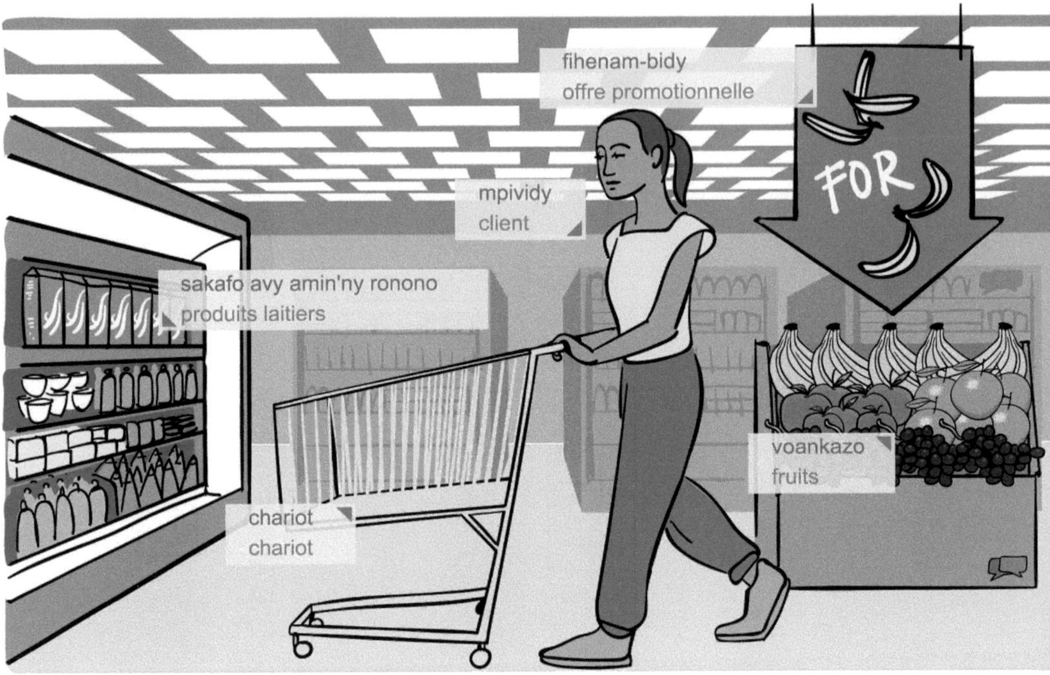

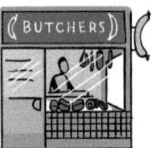

mpivaro-kena

boucherie

BAKERY

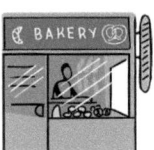

mpivarotra mofo

boulangerie

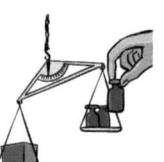

mandanja

peser

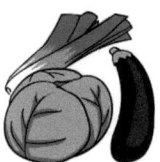

legioma

légumes

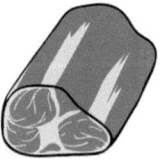

hena

viande

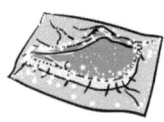

sakafo nampangatsiahana

aliments surgelés

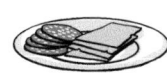

hena voahendy

charcuterie

sakafo am-by fotsy

conserves

vovon-tsavony

poudre à lessive

vatomamy

bonbons

fitaovana an-tokatrano

articles ménagers

fitaovana fanadiovana

détergents

mpivarotra

vendeuse

toerana fandoavam-bola

caisse

mpandray vola

caissier

lisitry ny zavatra vidiana

liste d'achats

ora fiasana

heures d'ouverture

portefeuille

portefeuille

fahana amin'ny karatra

carte de crédit

harona

sac

harona plastika

sac en plastique

rano
eau

ranom-boankazo
jus de fruit

ronono
lait

coca
coca

divay
vin

labiera
bière

toaka
alcool

sôkôlà mafana
chocolat chaud

dite
thé

kafe
café

espresso
expresso

cappuccino
cappuccino

akondro

banane

paoma

pomme

laoranjy

orange

voatango

melon

voasarimakirana

citron

karaoty

carotte

tongolo gasy

ail

volobe

bambou

tongolo

oignon

holatra

champignon

voamaina

noisettes

paty

pâtes

spaghetti

spaghetti

vary

riz

salady

salade

ovy frity

pommes frites

ovy voaendy

pommes de terre rôties

pizza

pizza

hamburger

hamburger

sandwich

sandwich

didin-kena

escalope

lambo sira

jambon

salami

salami

saosisy

saucisse

akoho

poulet

hena mendy

rôti

trondro

poisson

varin-tsoavaly

flocons d'avoine

muesli

muesli

cornflakes

cornflakes

lafarinina

farine

croissant

croissant

mofodipaina kely

petits-pains

mofo

pain

mofo natono

pain grillé

bisky

biscuits

dobera

beurre

fromazy fotsy

le fromage blanc

mofomamy

gâteau

atody

œuf

atody nendasina

œuf au plat

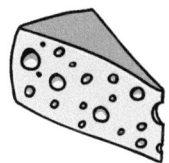

fromazy

fromage

lagilasy

glace

siramamy

sucre

tantely

miel

kaonfitira

confiture

crème nougat

crème nougat

curry

curry

toeram-pambolena

ferme

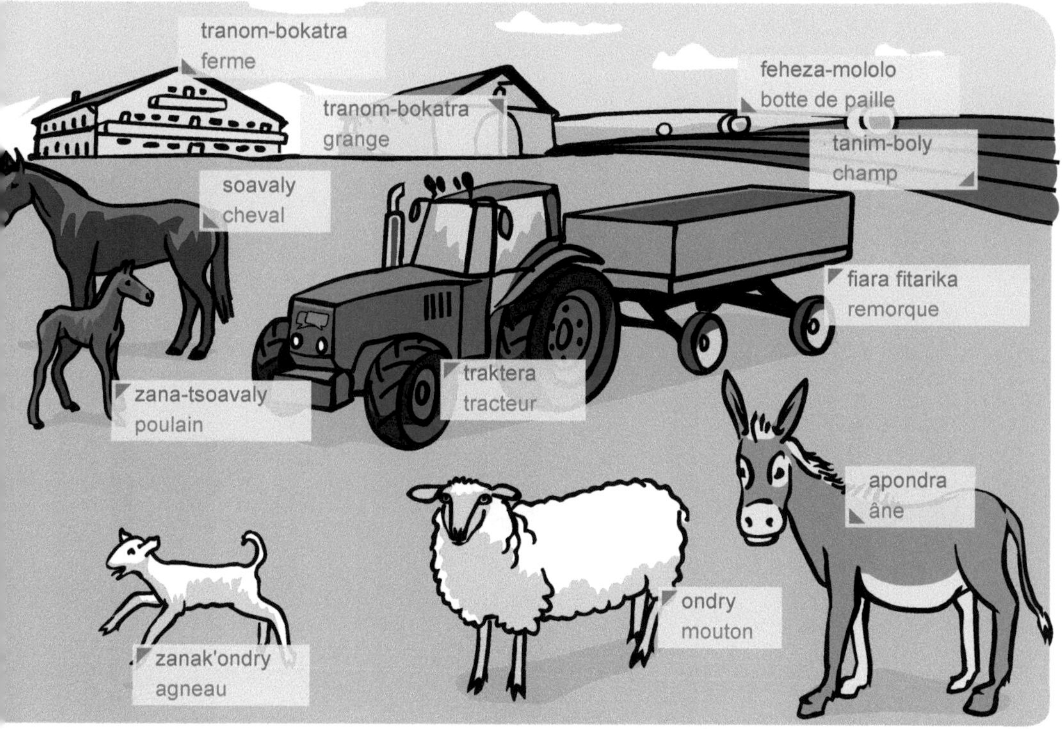

tranom-bokatra
ferme
tranom-bokatra
grange
feheza-mololo
botte de paille
tanim-boly
champ
soavaly
cheval
fiara fitarika
remorque
traktera
tracteur
zana-tsoavaly
poulain
apondra
âne
ondry
mouton
zanak'ondry
agneau

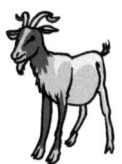

osy

chèvre

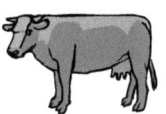

omby vavy

vache

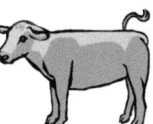

omby

veau

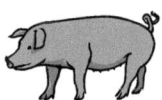

kisoa

porc

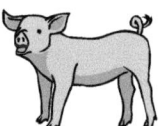

zana-kisoa

porcelet

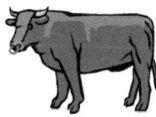

omby

taureau

gisa
oie

gana
canard

zanak'akoho
poussin

akoho vavy
poule

akoho lahy
coq

voalavo
rat

saka
chat

voalavo tondro
souris

omby
bœuf

alika
chien

tranon'alika
chenil

fantsona fanondrahana rano

tuyau de jardin

fanondrahana
arrosoir

antsy biloka
faucheuse

angadin'omby
charrue

antsim-bilona

faucille

antsetra

pioche

farango vy

fourche

famaky

hache

borety

brouette

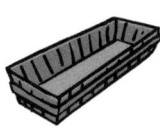

dababe

cuve

boatin-dronono

pot à lait

harona

sac

fefy

clôture

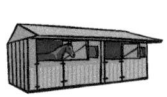

tranom-biby

étable

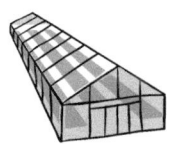

talatalan-jaridaina

serre

tany

sol

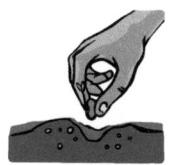

ambeoka

semences

zezika

engrais

milina mpijinja vokatra

moissonneuse-batteuse

vokatra

récolter

vokatra

récolte

saonjo

igname

varimbazaha

blé

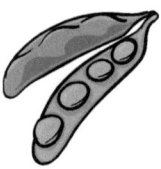

saozaha

soja

ovy

pomme de terre

katsaka

maïs

colza

colza

hazo fihinam-boa

arbre fruitier

mangahazo

manioc

voamadinika

céréales

trano
maison

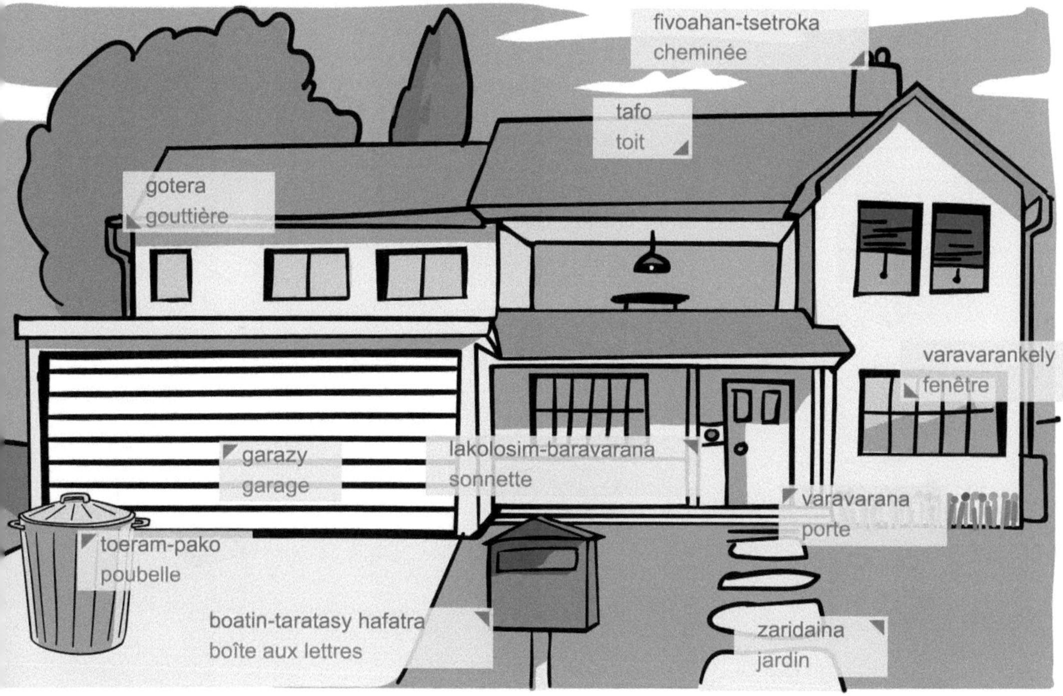
fivoahan-tsetroka
cheminée
tafo
toit
gotera
gouttière
varavarankely
fenêtre
garazy
garage
lakolosim-baravarana
sonnette
varavarana
porte
toeram-pako
poubelle
boatin-taratasy hafatra
boîte aux lettres
zaridaina
jardin

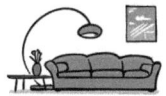

efitra fandraisam-bahiny

salon

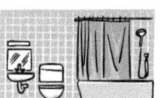

efitra fandroana

salle de bain

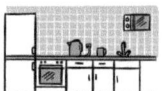

lakozia

cuisine

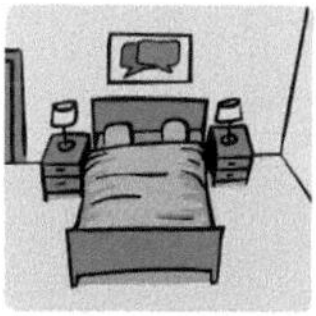

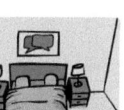

efitra fatoriana

chambre à coucher

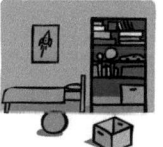

efitranon'ny ankizy

chambre d'enfant

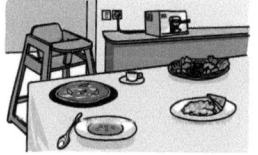

efi-trano fisakafoanana

salle à manger

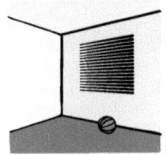

tany
sol

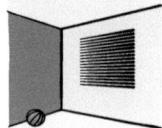

rindrina
mur

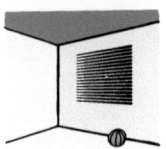

valindrihana
plafond

lakavy
cave

sauna
sauna

tsimahalavo
balcon

lavarangana
terrasse

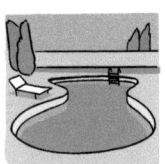

dobo filomanosana
piscine

mpanapaka bozaka
tondeuse à gazon

lambam-pandriana
housse

koety
couette

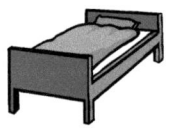

fandriana
lit

kifafa
balai

sô
sceau

interrupteur
interrupteur

efitra fandraisam-bahiny

salon

sary apetaka
papier peint
sary
image
lampy
lampe
talantalana
étagère
lalimoara
armoire
fahitalavitra
télé
anjorinafo
cheminée
voninkazo
fleur
lafika
coussin
sofà
sofa
vazy
vase
telekaomandy
télécommande

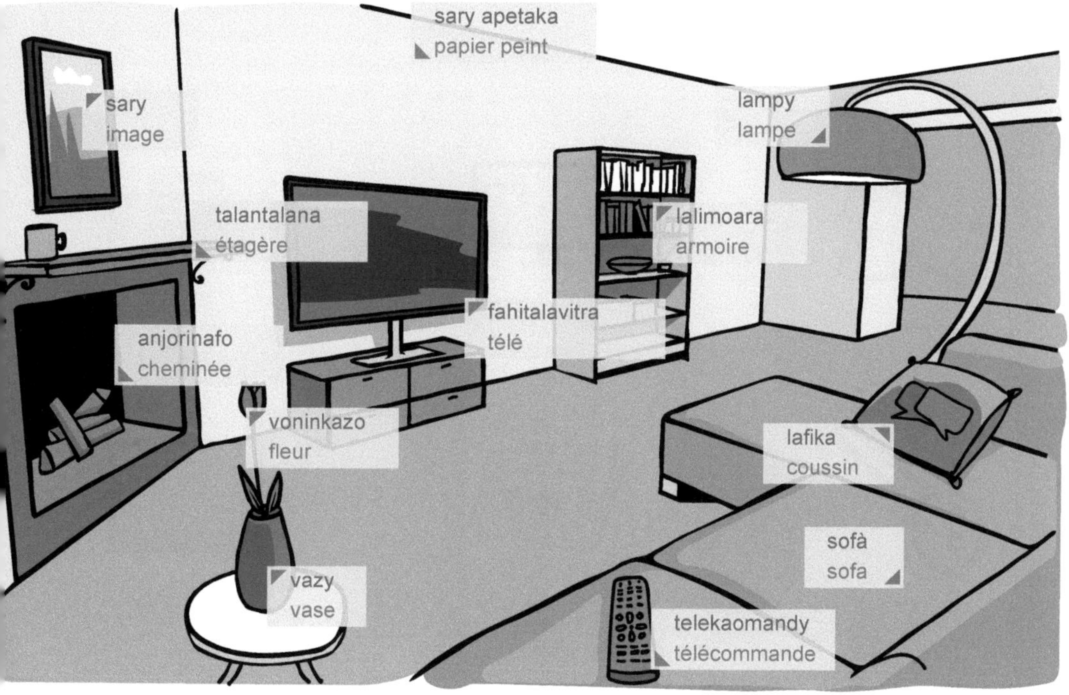

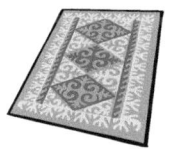

tapis
tapis

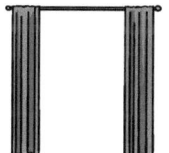

takom-baravarana
rideau

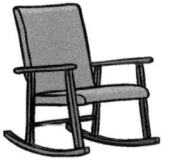

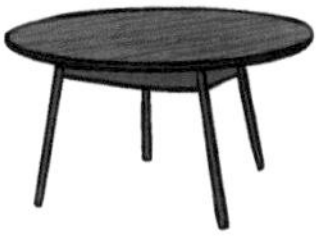

latabatra
table

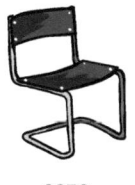

seza
chaise

seza savily
chaise à bascule

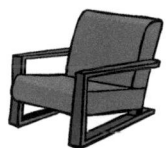

seza mihaja
fauteuil

boky

livre

lamba firakotra

couverture

asa fandravahana

décoration

hazo fandrehitra

bois de chauffage

horonantsary

film

fitaovana hi-fi

chaîne hi-fi

fanalahidy

clé

gazety

journal

loko

peinture

sary famantarana

poster

radio

radio

kahie fanao tadidy

bloc-notes

aspiratera

aspirateur

raketa

cactus

labozia

bougie

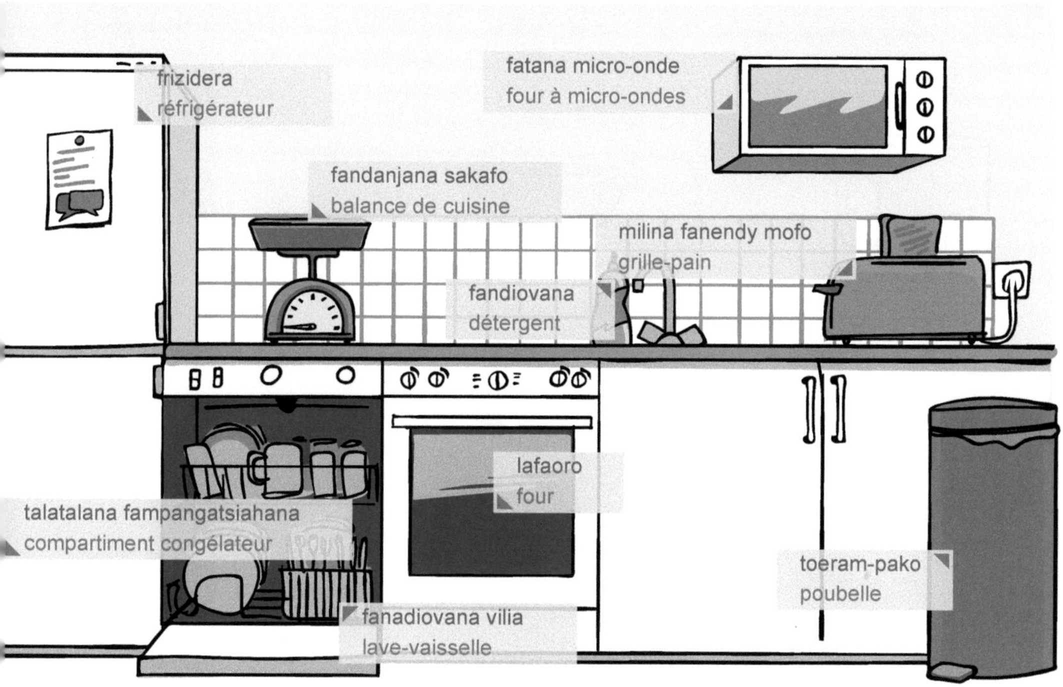

frizidera
réfrigérateur

fatana micro-onde
four à micro-ondes

fandanjana sakafo
balance de cuisine

milina fanendy mofo
grille-pain

fandiovana
détergent

talatalana fampangatsiahana
compartiment congélateur

lafaoro
four

toeram-pako
poubelle

fanadiovana vilia
lave-vaisselle

lafaoro

four

vilany

casserole

vilany vy

marmite

wok / kadai

wok / kadai

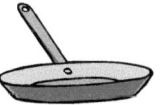

lapoaly

poêle

fitaovana fampangotrahana
rano

bouilloire electrique

vilany mandeha entona

cuiseur vapeur

lovia fisaka

plaque de cuisson

fitaovan-dakozia

vaisselle

zinga

gobelet

vilia baolina

coupe

hazokely fihinanana

baguettes

sotrobe lavatango

louche

spatule

spatule

fanakapohana atody

fouet

fanatantavanana

passoire

lovia sivana

tamis

fanakikisana

râpe

laona

mortier

kiendiendy

barbecue

fivoahan'ny setroka

cheminée

akalana fitetehana

planche à découper

kodia fandamàna koba

rouleau à pâtisserie

fisontonana bosoa

tire-bouchon

boaty

boîte

fanokafana boaty

ouvre-boîte

fitazomana vilany

maniques

lavabô

lavabo

borosy

brosse

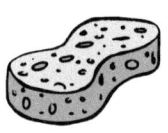

spaonjy

éponge

miksera

mixeur

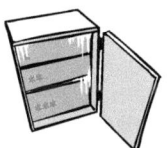

fitaovana fampangatsiahana

congélateur

tavoahanginono

biberon

paompy

robinet

efitra fandroana
salle de bain

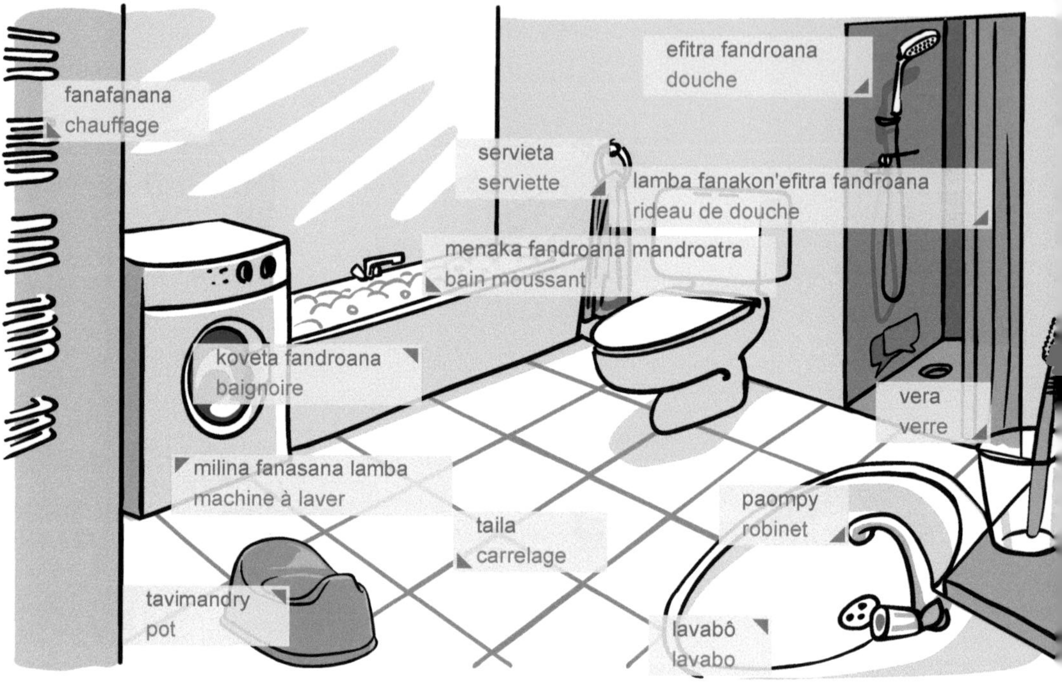
fanafanana
chauffage
efitra fandroana
douche
servieta
serviette
lamba fanakon'efitra fandroana
rideau de douche
menaka fandroana mandroatra
bain moussant
koveta fandroana
baignoire
vera
verre
milina fanasana lamba
machine à laver
paompy
robinet
taila
carrelage
tavimandry
pot
lavabô
lavabo

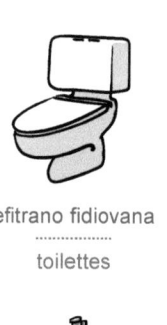

efitrano fidiovana

toilettes

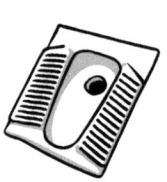

kabone mitsingo

toilette à la turque

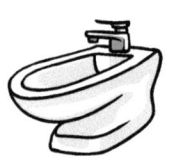

bidet

bidet

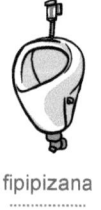

fipipizana

urinoir

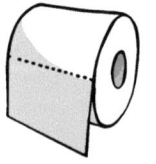

taratasy fidiovana

papier toilette

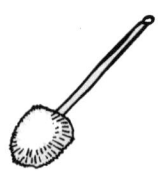

borosy fampiasa an-kabone

brosse à toilette

borosinify

brosse à dents

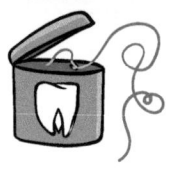

famotsia-nify

dentifrice

kofehy fanadiova-nify

fil dentaire

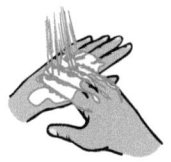

manasa

laver

fisaika enti-tànana

douche manuelle

fanadiovana fivaviana

douche intime

kovetabe

vasque

borosin-damosina

brosse dorsale

savony

savon

el fampiasa rehefa misaika

gel douche

shampoo

shampooing

fonon-tànana enti-misaika

gant de toilette

tsiranoka

écoulement

crème fanosotra

crème

fanalana fofona

déodorant

fitaratra

miroir

fitaratra fihaingo

miroir cosmétique

hareza

rasoir

raotra fiharatra

mousse à raser

menaka haratra

après-rasage

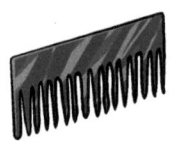

fiogo

peigne

borosy

brosse

fitaovana fanamainam-bolo

sèche-cheveux

atsifotra amin'ny volo

laque pour cheveux

fikarakarana tarehy

fond de teint

lokomena

rouge à lèvres

haingo hoho

vernis à ongles

vohavohan-dandihazo

ouate

fanapahana hoho

coupe-ongles

ranomanitra

parfum

fitoerana fitaovana an-kabone

trousse de toilette

sezabory

tabouret

fandanjana olona

pèse-personne

akanjo enti-matory

peignoir

fonon-tànana enti-manadio

gants de nettoyage

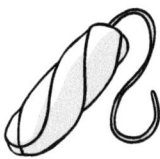

servieta fanary

tampon

lamba fampiasa amin'ny fadimbolana

serviettes hygiéniques

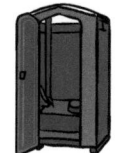

kabone simika

toilette chimique

efitra fandroana - salle de bain

efitranon'ny ankizy
chambre d'enfant

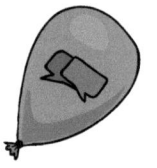

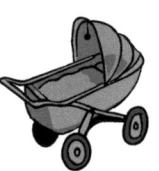

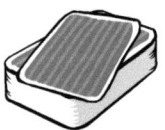

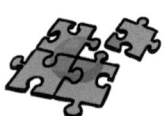

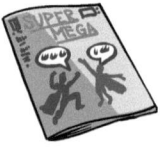

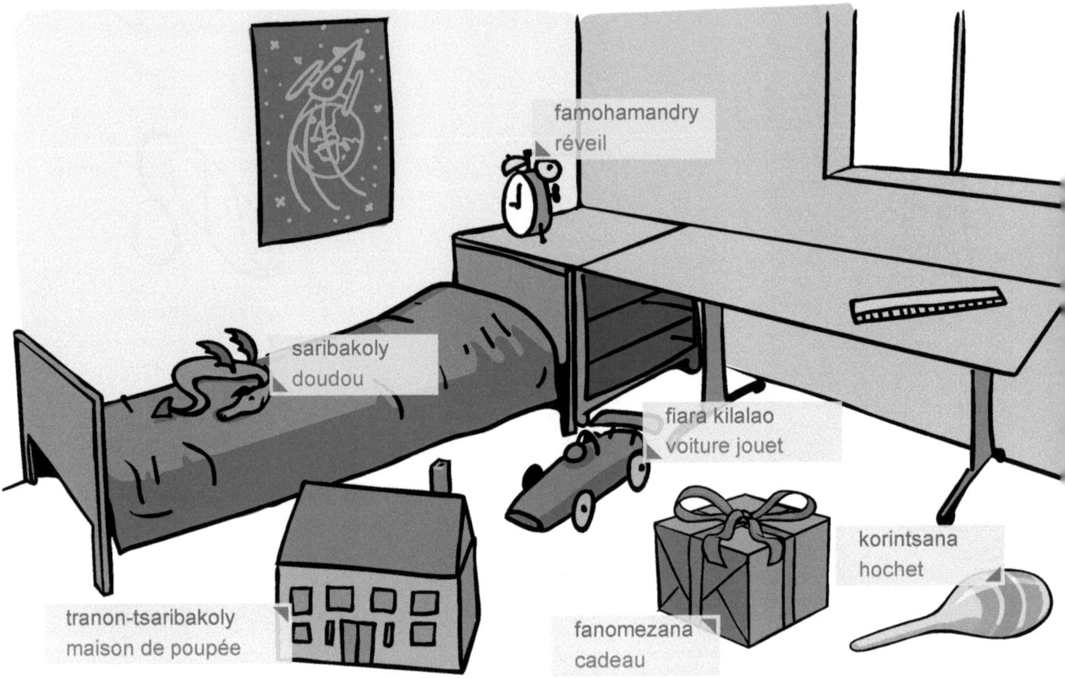
famohamandry
réveil
saribakoly
doudou
fiara kilalao
voiture jouet
korintsana
hochet
tranon-tsaribakoly
maison de poupée
fanomezana
cadeau

balaonina
ballon

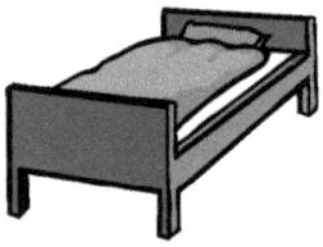
fandriana
lit

posety
poussette

lalao karatra
jeu de cartes

puzzle
puzzle

SUPER
MEGA
sariitatra
bande dessinée

lalao legô

pièces lego

kilalao fananganana trano

blocs de construction

sarivongana kely

figurine

grenera

grenouillère

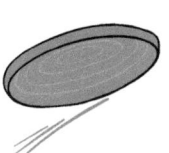

Frisbee

frisbee

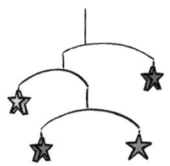

mobile

mobile

jeu de société

jeu de société

kodiakely

dé

lamasinina kely

train miniature

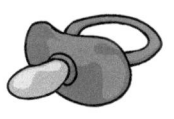

solonono

sucette

fety

fête

boky feno sary

livre d'images

baolina

balle

saribakoly

poupée

milalao

jouer

kovetam-pasika

bac à sable

savily

balançoire

kilalao

jouets

kilalao video

console de jeu

tricycle

tricycle

teddy orsa

ours en peluche

fitoeran'akanjo

armoire

akanjo
vêtements

bà kiraro

chaussettes

bàn-tongotra

bas

akanjo manara-batana

collant

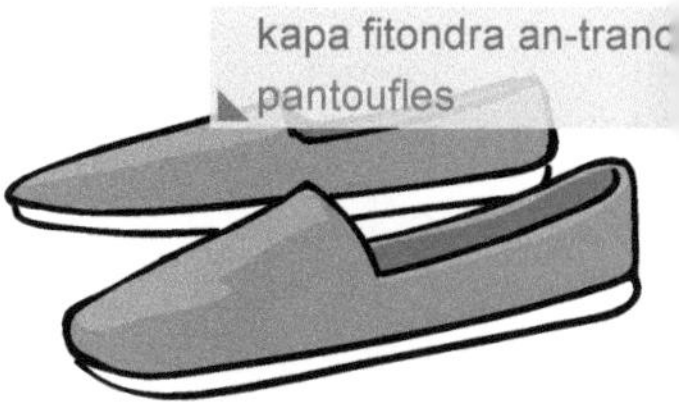

foloara
écharpe

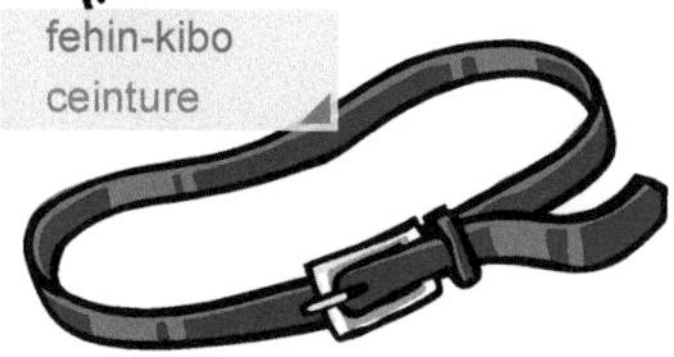

fehin-kibo
ceinture

elo
parapluie

t-shirt
t-shirt

baoty
bottes

kapa fitondra an-trano
pantoufles

kiraro tenisy
baskets

kapa

sandales

kiraro

chaussures

baoty fingotra

bottes de caoutchouc

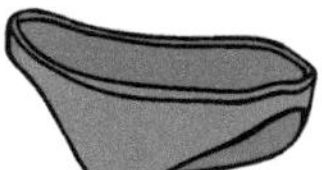

atinakanjo

sous-vêtements

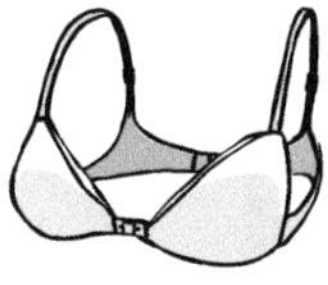

tatinono

soutien-gorge

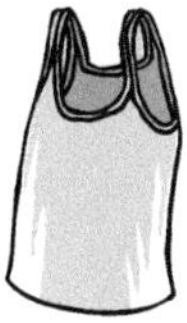

akanjo feno

maillot de corps

akanjo - vêtements

45

vatana

body

pataloha

pantalon

jean

jean

zipo

jupe

akanjo ambony

chemisier

lobaka

chemise

pull

pull

akanjo sarotro

sweat à capuche

palitao

veste

palitao

veste

palitao

manteau

akanjo aro-orana

imperméable

akanjo fianjaika

costume

fitafim-behivavy

robe

akanjon'ny ampakarina

robe de mariée

akanjo - vêtements

akanjo fianjaika

costume

akanjo-mandry

chemise de nuit

pijamà

pyjama

sari

sari

sarondoha

foulard

turban

turban

burqa

burqa

kaftan

caftan

abaya

abaya

akanjo fitondra milomano

maillot de bain

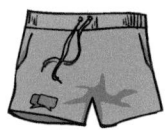

akanjo fitondra milomano

maillot de bain

pataloha fohy

short

akanjo fitena

tenue d'entraînement

tablie

tablier

fonon-tànana

gants

bokotra

bouton

solomaso

lunettes

brasele

bracelet

rojo

collier

peratra

bague

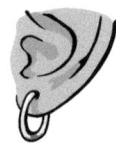

kavina

boucle d'oreille

satroka

bonnet

fanantonana palitao

cintre

satroka

chapeau

fehivozo

cravate

hidikorisa

fermeture éclair

aroloha

casque

beritelo

bretelles

fanamian'ny mpianatra

uniforme scolaire

fanamiana

uniforme

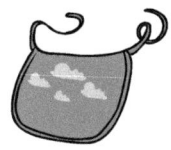

bavoara

bavoir

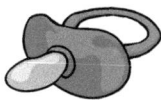

solonono

sucette

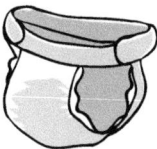

taty

lange

birao
bureau

serveur
serveur
lalimoara fitahirizana
armoire d'archivage
taratasy
papier
mpanao pirinty
imprimante
efijoro
écran
voalavo tondro
souris
latabatra
bureau
klasera
classeur
klavie
clavier
fanariana fako taratasy
corbeille à papier
solosaina
ordinateur
seza
chaise

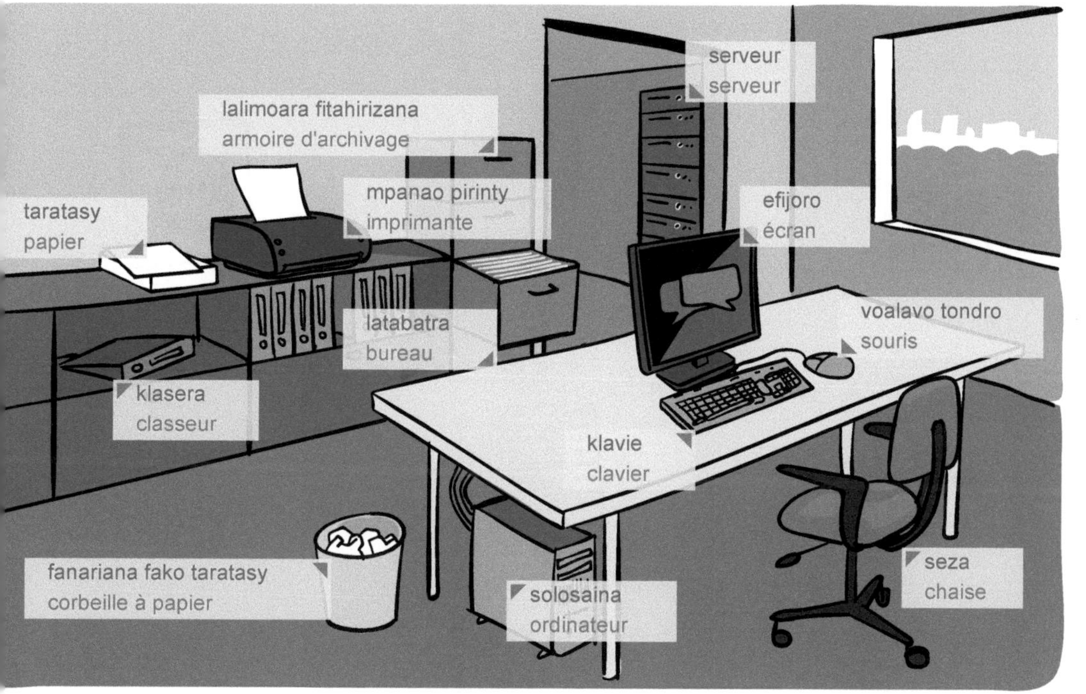

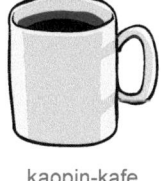

kaopin-kafe

tasse de café

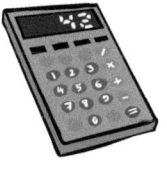

mpikajy

calculatrice

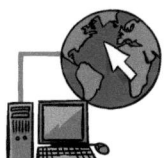

aterineto

internet

solosaina maivana
ordinateur portable

taratasy
lettre

hafatra
message

mobile
portable

tambajotra
réseau

imprimante
photocopieuse

rindrambaiko
logiciel

finday
téléphone

prizy
prise

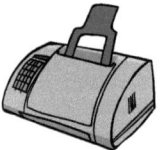

fax
fax

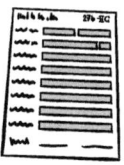

efitra fenoina
formulaire

fehezan-taratasy
document

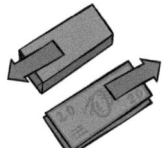

mividy

acheter

mandoa vola

payer

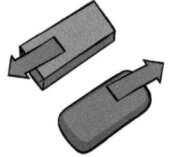

misera

faire du commerce

vola

monnaie

dôlara

dollar

euro

euro

yen

yen

rouble

rouble

Franc suisse

franc suisse

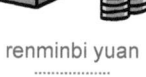

renminbi yuan

renminbi yuan

roupie

roupie

fangalàna vola

distributeur automatique

toerana fanakalozana vola

bureau de change

volamena

or

volafotsy

argent

solika

pétrole

angovo

énergie

vidiny

prix

fifanekena

contrat

hetra

taxe

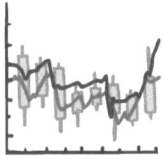

action borsa

action

miasa

travailler

mpiasa

employé

mpampiasa

employeur

orinasa

usine

fivarotana

magasin

mpitandro filaminana
agent de police

mpamonjy voina
pompier

mpanamory
pilote

mahandro
cuisinier

dokotera
médecin

mpikarakara zaridaina

jardinier

mpandrafitra

menuisier

vehivavy mpanjaitra

couturière

mpitsara

juge

mpahay simia

chimiste

mpilalao sarimihetsika

acteur

mpamily fiara fitateram-
bahoaka

conducteur de bus

mpamily fiarakaretsaka

chauffeur de taxi

mpanjono

pêcheur

vehivavy mpanadio

femme de ménage

mpanao tafo

couvreur

mpandroso sakafo

serveur

mpihaza

chasseur

mpandoko

peintre

mpanao mofo

boulanger

elektrisianina

électricien

mpanao trano

ouvrier

injeniera

ingénieur

mivaro-kena

boucher

plombier

plombier

faktera

facteur

miaramila

soldat

mpanao mari-trano

architecte

mpandray vola

caissier

mpivarotra voninkazo

fleuriste

mpanao volo

coiffeur

mpizara tapakila

contrôleur

mpahay mekanika

mécanicien

kapiteny

capitaine

mpitsabo nify

dentiste

siantifika

scientifique

raby

rabbin

imam

imam

moanina

moine

pretra

prêtre

fitaovana
outils

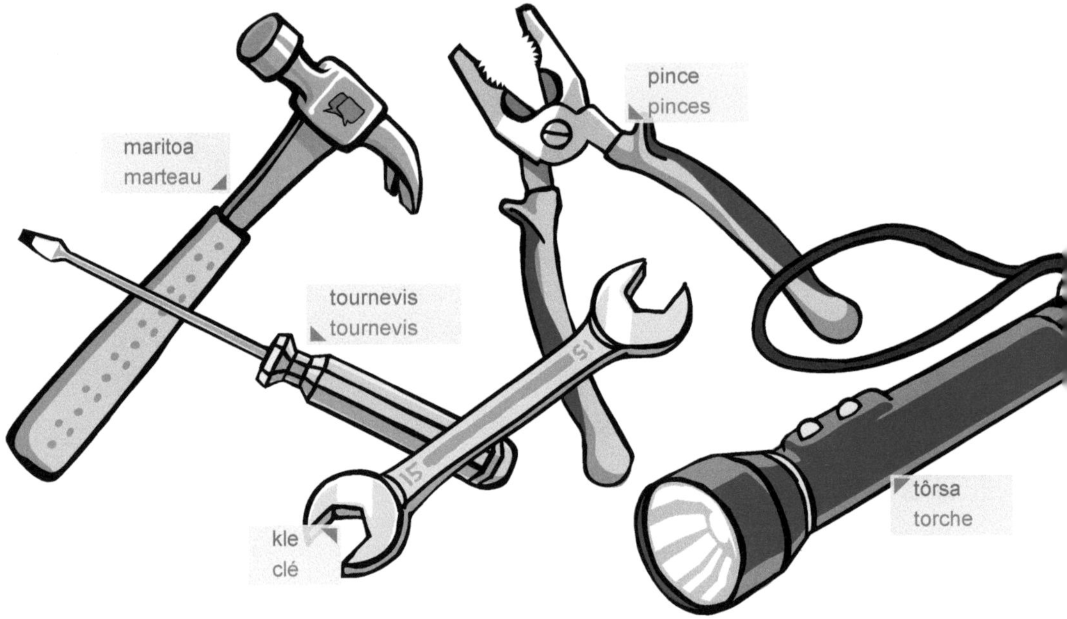

maritoa
marteau
pince
pinces
tournevis
tournevis
kle
clé
tôrsa
torche

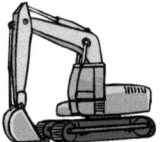

pelleteuse

pelleteuse

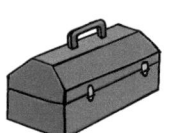

boaty fanisy fitaovana

boîte à outils

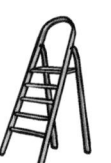

tohatra

échelle

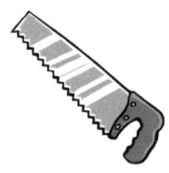

tsofa

scie

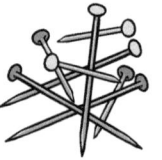

fantsika

clous

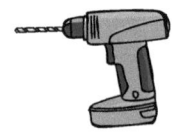

perceuse

perceuse

manarina

réparer

lapela

pelle

Kyy!

Mince !

angadim-pako

pelle

boatin-doko

pot de peinture

visy

vis

zava-maneno

instruments de musique

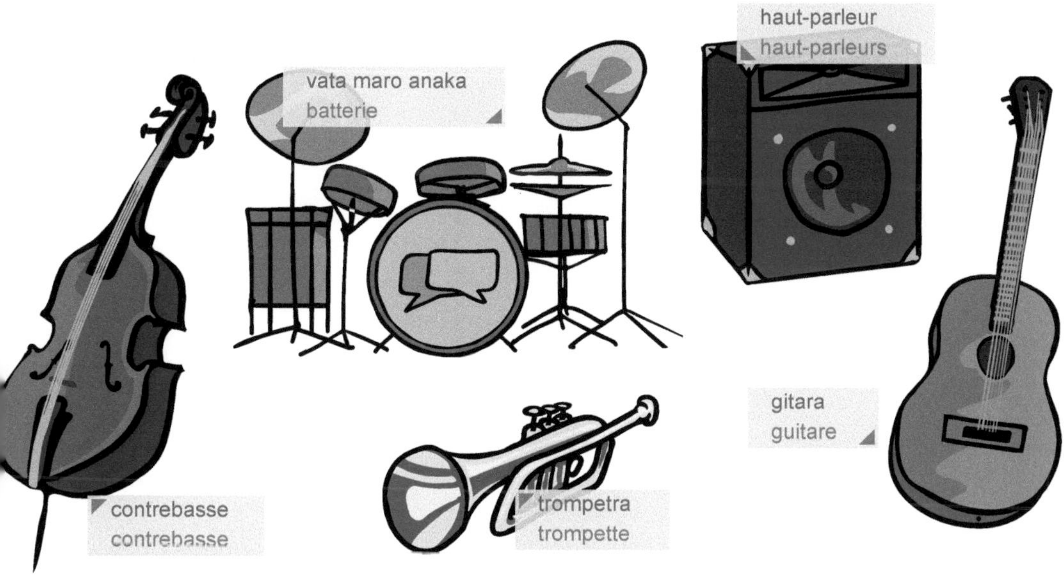

vata maro anaka
batterie

haut-parleur
haut-parleurs

gitara
guitare

contrebasse
contrebasse

trompetra
trompette

vata maro afitsoka

piano

lokanga

violon

basse

basse

amponga timpani

timbales

aponga

tambour

klavie

piano électrique

saksa

saxophone

sodina

flûte

mikrao

microphone

tigra
tigre

fidirana
entrée

tranon-gadra
cage

zebra
zèbre

sakafom-biby
alimentation animale

pandà
panda

biby
animaux

elefanta
éléphant

kangoroa
kangourou

rinôserôsy
rhinocéros

gôrila
gorille

orsa
ours

rameva

chameau

aotrisy

autruche

liona

lion

rajako

singe

sama

flamand rose

boloky

perroquet

orsa polera

ours polaire

pengoa

pingouin

atsantsa

requin

vorombola

paon

bibilava

serpent

voay

crocodile

mpiandry valan-javaboary

gardien de zoo

fôko

phoque

jagoara

jaguar

poney

poney

leopara

léopard

hipôpôtamo

hippopotame

zirafa

girafe

voromahery

aigle

lambo

sanglier

trondro

poisson

sokatra

tortue

môrsa

morse

renard

renard

gazely

gazelle

Football amerikana
american Football

hazakazaka am-bisikileta
cyclisme

tennis
tennis

baskety
basket-ball

lomano
natation

boxe
boxe

hockey an-dranomandry
hockey sur glace

baolina kitra
football

badminton
badminton

atletisma
athlétisme

handball
handball

ski
ski

polo
polo

raharaha
activités

mihomehy
rire
tsambikina
uter
mamihina
embrasser
mandeha
marcher
mihira
chanter
manonofy
rêver
mivavaka
prier
manoroka
faire la bise

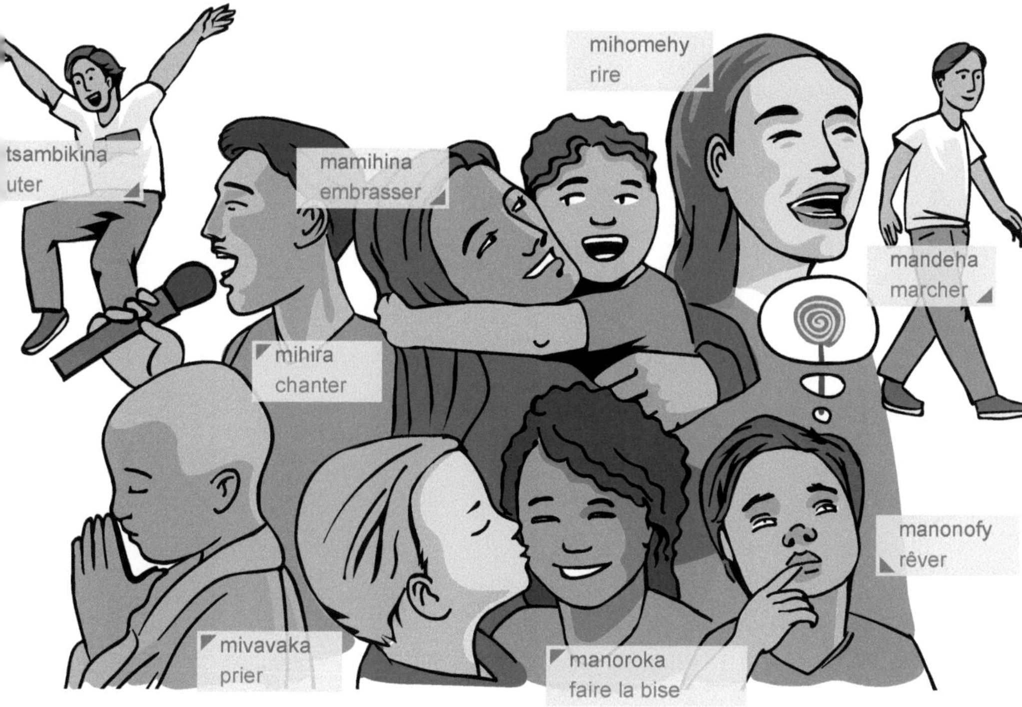

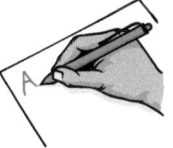

manoratra

écrire

manao sary

dessiner

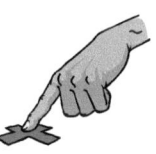

maneho

montrer

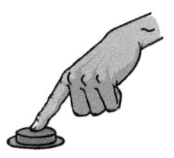

manosika

pousser

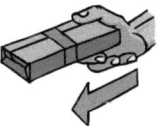

manome

donner

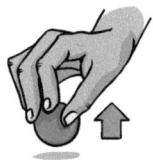

mandray

prendre

manana

avoir

manao

faire

mizovy

être

mijoro

être debout

mihazakazaka

courir

misintona

trier

manary

jeter

lavo

tomber

mandry

être couché

miandry

attendre

mitondra

porter

mipetraka

être assis

miakanjo

s'habiller

matory

dormir

mifoha

se réveiller

mijery

regarder

mitomany

pleurer

fahatapahan'ny lalan-dra

caresser

fiogo

peigner

miresaka

parler

mahay

comprendre

milaza

demander

mihaino

écouter

misotro

boire

mihinana

manger

mandamina

ranger

mitia

aimer

mahandro

cuire

mamily

conduire

lalitra

voler

miandriaka

faire de la voile

mikajy

calculer

mamaky

lire

mianatra

apprendre

miasa

travailler

mivady

se marier

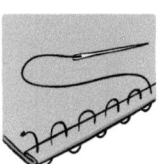

manjaitra

coudre

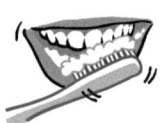

miborosy nify

brosser les dents

mamono

tuer

mifoka

fumer

mandefa

envoyer

renibe
grand-mère

dadabe
grand-père

ray
père

reny
mère

zaza
bébé

zanaka vavy
fille

zanaka lahy
fils

vahiny

hôte

nenitoa

tante

dadatoa

oncle

rahalahy

frère

rahavavy

sœur

vatana

corps

handrina
front
maso
œil
soroka
épaule
rantsan-tànana
doigt
tarehy
visage
saoka
menton
tànana
main
ranjo
jambe
nono
poitrine
sandry
bras

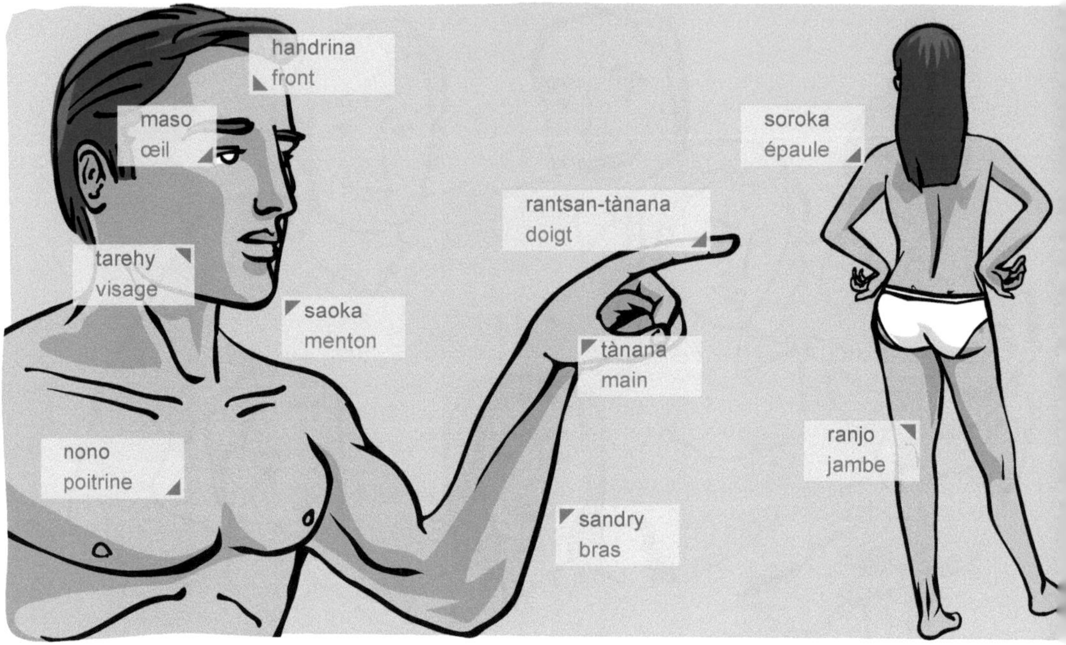

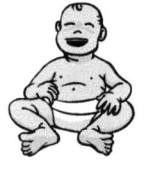

zaza

bébé

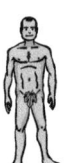

lehilahy

homme

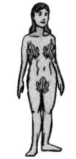

vehivavy

femme

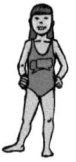

vavy

fille

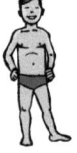

lahy

garçon

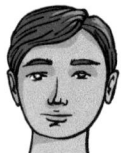

loha

tête

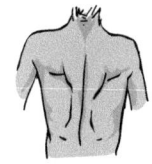

lamosina

dos

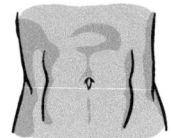

kibo

ventre

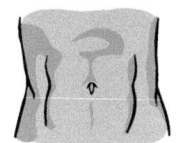

foitra

nombril

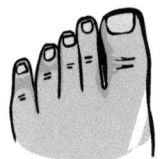

rantsan-tongotra

orteil

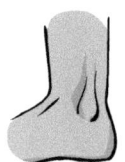

voditongotra

talon

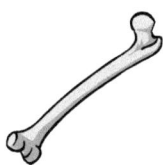

taolana

os

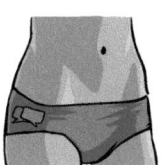

valahana

hanche

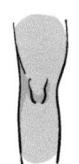

lohalika

genou

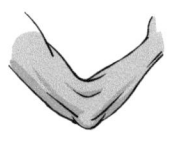

kiho

coude

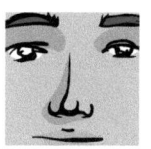

orona

nez

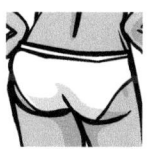

vody

fesses

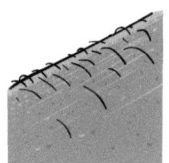

hoditra

peau

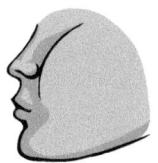

takolaka

joue

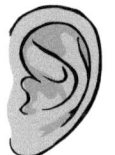

sofina

oreille

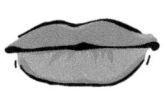

molotra

lèvre

vava

bouche

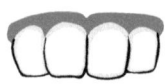

nify

dent

lela

langue

saina

cerveau

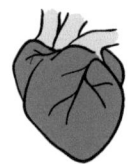

fo

cœur

ozatra

muscle

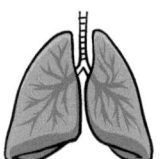

havokavoka

poumons

aty

foie

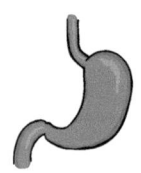

vavony

estomac

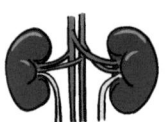

voa

reins

firaisana ara-nofo

rapport sexuel

fimailo

préservatif

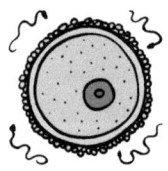

tsirivavy

ovule

ranonaina

sperme

vohoka

grossesse

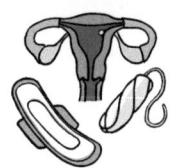

fadimbolana

menstruation

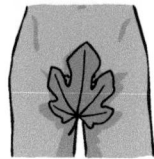

fivaviana

vagin

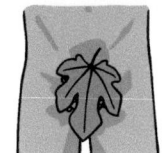

filahiana

pénis

volomaso

sourcil

volo

cheveux

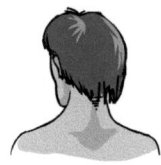

tenda

cou

hopitaly
hôpital

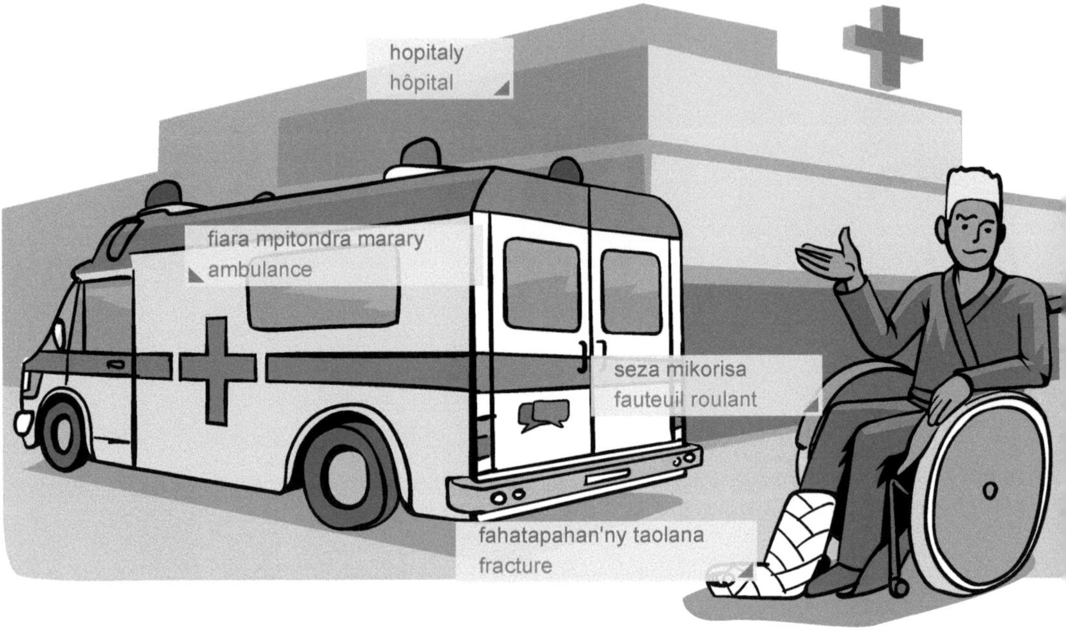

hopitaly
hôpital
fiara mpitondra marary
ambulance
seza mikorisa
fauteuil roulant
fahatapahan'ny taolana
fracture

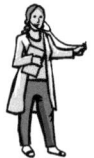

dokotera

médecin

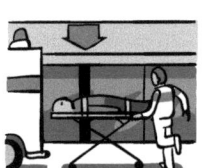

efitra vonjy taitra

service des urgences

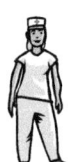

mpitsabo mpanampy

infirmière

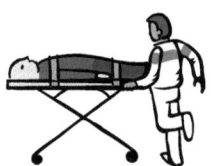

vonjy taitra

urgence

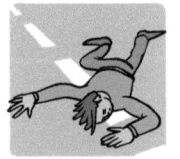

tsy mahatsiaro tena

inconscient

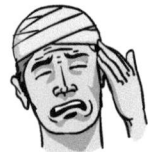

fanaintainana

douleur

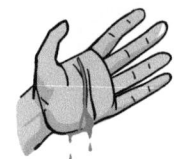

faharatràna

blessure

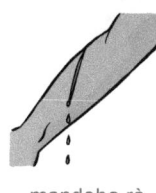

mandeha rà

hémorragie

aretim-po

crise cardiaque

fahatapahan'ny lalan-dra

attaque cérébrale

tsy fahazakana sakafo

allergie

kohaka

toux

tazo

fièvre

gripa

grippe

fivalanana

diarrhée

aretin'an-doha

mal de tête

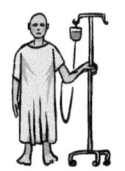

homamiadana

cancer

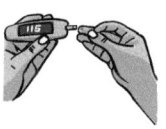

diabeta

diabète

dokotera mpandidy

chirurgien

antsy fandidiana

scalpel

fandidiana

opération

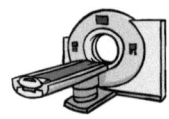

TC
CT

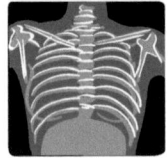

taratra X
radiographie

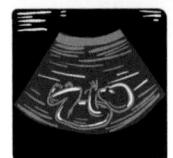

ekôgrafia
échographie

saron-tava
masque

aretina
maladie

efitrano fiandrasana
salle d'attente

tehina
béquille

taha fery
pansement

bandy
pansement

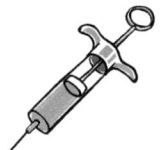

tsindrona
injection

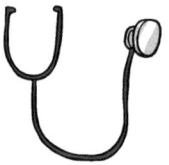

stetoskopy
stéthoscope

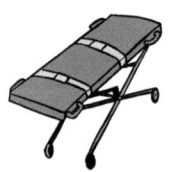

filanjana marary
brancard

fitaovana fitsapana
hafanana
thermomètre

fahaterahana
accouchement

hatavezana tafahoatra
surcharge pondérale

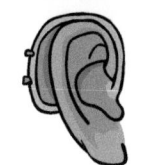

fitaovana fandrenesana

appareil auditif

famonoana mikraoba

désinfectant

fifindràna aretina

infection

viriosy

virus

VIH / SIDA

VIH / sida

fitsaboana

médicament

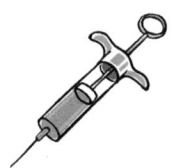

vaksiny

vaccination

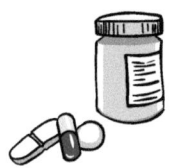

pilina

comprimés

pilina

pilule

antso vonjy taitra

appel d'urgence

fitaovana fitsapana tosi-drà

tensiomètre

marary / salama

malade / sain

Vonjeo!

Au secours !

antso fanairana

alarme

herisetra

assaut

vono

attaque

loza

danger

fivoahana raha misy loza

sortie de secours

Afo!

Au feu!

fitaovam-pamonoana afo

extincteur

loza

accident

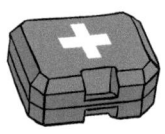

fitaovam-pitsaboana
vonjimaika

trousse de premier secours

SOS

SOS

pôlisy

police

Eoropa

Europe

Amerika avaratra

Amérique du Nord

Amerika atsimo

Amérique du Sud

Afrika

Afrique

Azia

Asie

Aostralia

Australie

Atlantika

Océan atlantique

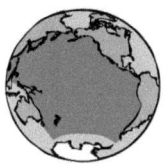

Pasifika

Océan pacifique

Ranomasimbe Indiana

Océan indien

Oseana Antarktika

Océan antarctique

Oseana Arktika

Océan arctique

Tendrotany avaratra

pôle nord

Tendrotany atsimo

pôle sud

Antarktika

Antarctique

tany

terre

tany

pays

ranomasina

mer

nosy

île

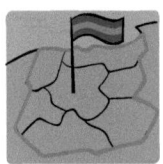

tanindrazana

nation

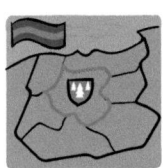

firenena

état

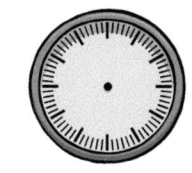

tavam-pamantaranandro

cadran

tondro ora

aiguille des heures

tondro minitra

aiguille des minutes

tondro segondra

aiguille des secondes

Amin'ny firy izao?

Quelle heure est-il ?

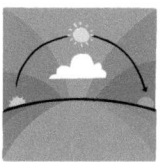

andro

jour

fotoana

temps

izao

maintenant

famantaranandro niomerika

montre digitale

minitra

minute

ora

heure

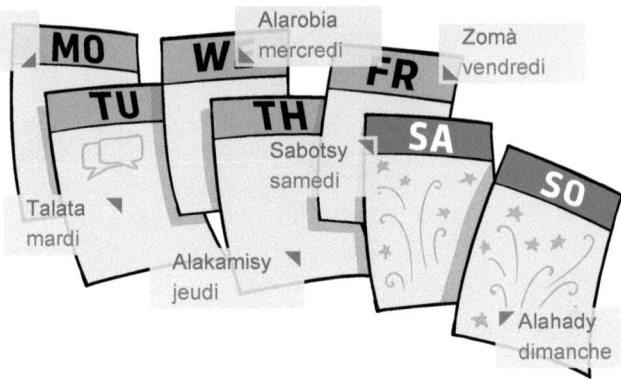

Alatsinainy / lundi
Alarobia / mercredi
Zomà / vendredi
Talata / mardi
Sabotsy / samedi
Alakamisy / jeudi
Alahady / dimanche

omaly

hier

androany

aujourd'hui

ampitso

demain

maraina

matin

atoandro

midi

hariva

soir

adro fiasàna

jours ouvrables

faran'ny herinandro

week-end

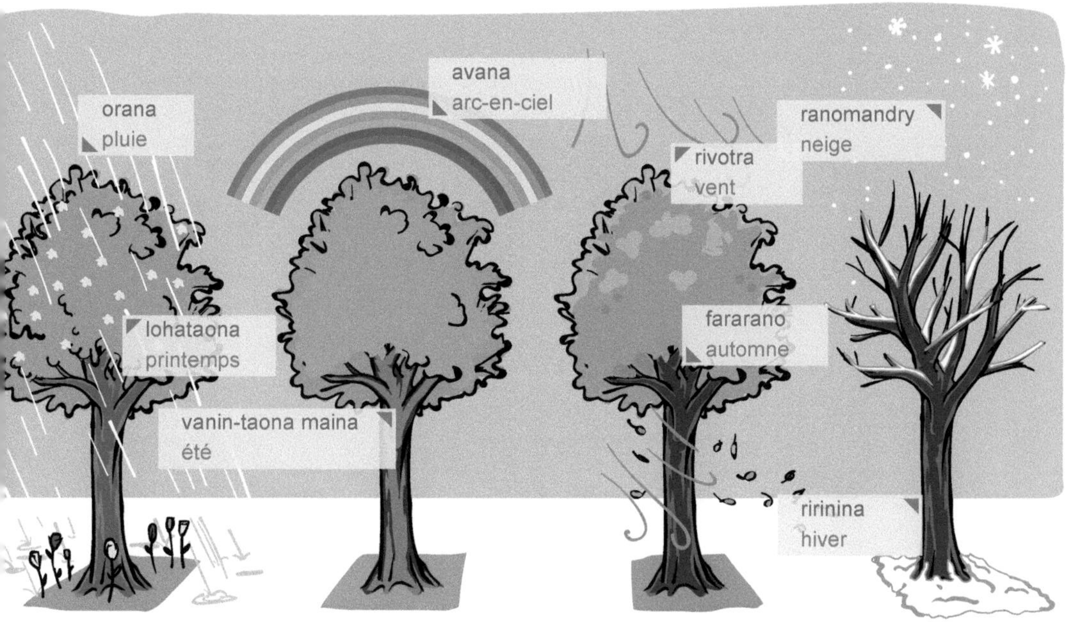

avana
arc-en-ciel
orana
pluie
ranomandry
neige
rivotra
vent
lohataona
printemps
fararano
automne
vanin-taona maina
été
ririnina
hiver

4.APRIL 11°
5.APRIL 4°
6.APRIL 13°
7.APRIL 8°
8.APRIL 10°

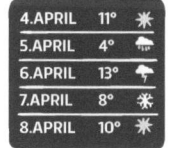

vinavina ara-toetrandro

météo

F
C
120
90
60
30
0
-30
40
30
20
10
0
-10
-20

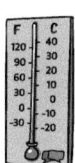

thermomètre

thermomètre

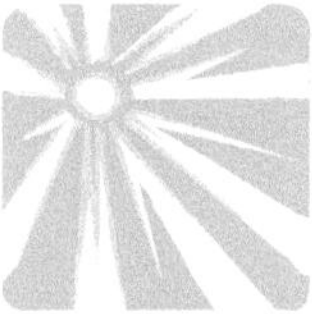

tara-masoandro

lumière du soleil

rahona

nuage

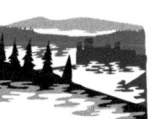

zavona

brouillard

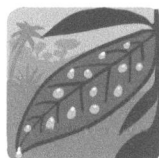

hamandoana

humidité

tselatra

foudre

kotroka

tonnerre

tafio-drivotra

tempête

havandra

grêle

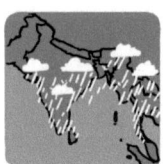

fahavaratra

mousson

tondra-drano

inondation

vaingan-drano

glace

Janoary

janvier

Febroary

février

Martsa

mars

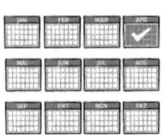

Avrila

avril

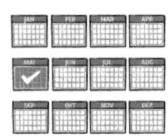

Mey

mai

Jiona

juin

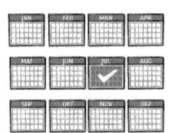

Jolay

juillet

Aogositra

août

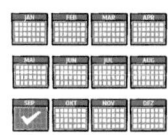

Septambra

septembre

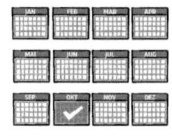

Oktobra

octobre

Novambra

novembre

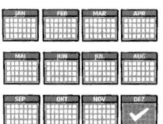

Desambra

décembre

boribory

cercle

efamira

carré

efajoro

rectangle

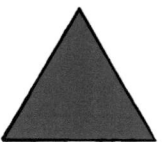

telozoro

triangle

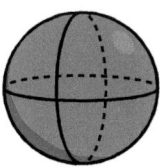

bola

sphère

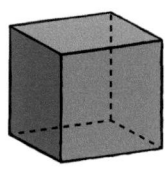

goba

cube

fotsy

blanc

mavo

jaune

laoranjy

orange

mavokely

rose

mena

rouge

voloparasy

violet

manga

bleu

maitso

vert

volotany

marron

volondavenona

gris

mainty

noir

betsaka / vitsy

beaucoup / peu

tezitra / tony

fâché / calme

tsara / ratsy

joli / laid

fiandohana / fiafarana

début / fin

lehibe / kely

grand / petit

mazava / maloka

clair / obscure

rahalahy / rahavavy

frère / soeur

madio / maloto

propre / sale

feno / banga

complet / incomplet

andro / alina

jour / nuit

maty / velona

mort / vivant

malalaka / tery

large / étroit

azo hanina / tsy fihinana

comestible / incomestible

tsivalahara / tsara fanahy

méchant / gentil

endratra / sorena

excité / ennuyé

matavy / mahia

gros / mince

voalohany / farany

premier / dernier

mpinamana / mpifahavalo

ami / ennemi

feno / foana

plein / vide

mafy / malefaka

dur / souple

mavesatra / maivana

lourd / léger

noana / mangetaheta

faim / soif

marary / salama

malade / sain

tsy ara-dalàna / ara-dalàna

illégal / légal

mahay / vendrana

intelligent / stupide

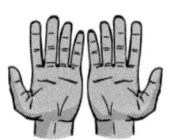

havia / havanana

gauche / droite

akaiky / lavitra

proche / loin

vaovao / tranainy

nouveau / usé

tsy misy / misy

rien / quelque chose

antitra / tanora

vieux / jeune

mandeha / maty

marche / arrêt

mivoha / mihidy

ouvert / fermé

mangina / mitabataba

faible / fort

manankarena / mahantra

riche / pauvre

marina / diso

correct / incorrect

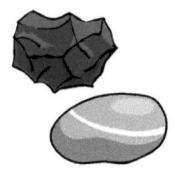

marokoroko / malama

rugueux / lisse

malahelo / faly

triste / heureux

fohy / lava

court / long

mora / faingana

lent / rapide

mando / maina

mouillé / sec

mafana / mangatsiaka

chaud / froid

ady / fahalemana

guerre / paix

nombres

0

aotra

zéro

1

iray

un / une

2

roa

deux

3

telo

trois

4

efatra

quatre

5

dimy

cinq

6

enina

six

7

fito

sept

8

valo

huit

9

sivy

neuf

10

folo

dix

11

iraikambinifolo

onze

12

roambinifolo
douze

13

teloambinifolo
treize

14

efatrambinifolo
quatorze

15

dimiambinifolo
quinze

16

eninambinifolo
seize

17

fitoambinifolo
dix-sept

18

valoambinifolo
dix-huit

19

siviambinifolo
dix-neuf

20

roapolo
vingt

100

zato
cent

1.000

arivo
mille

1.000.000

tapitrisa
million

Anglisy

anglais

Anglisy amerikana

anglais américain

Fiteny sinoa mandarina

chinois mandarin

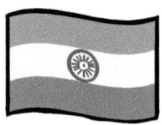

Hindi

hindi

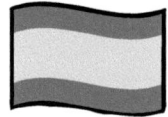

Espaniola

espagnol

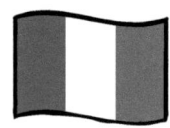

Frantsay

français

Fiteny arabo

arabe

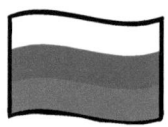

Fiteny rosiana

russe

Portogey

portugais

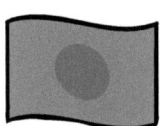

Bengaly

bengali

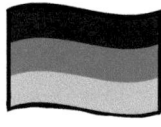

Alemà

allemand

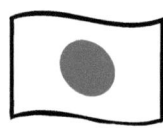

Japoney

japonais

izaho

je

ianao

tu

izy / io

il / elle / ce, c', cela

isika

nous

ianao

vous

zareo

ils / elles

iza?

Qui ?

inona?

Quoi ?

ahoana?

Comment ?

aiza?

Où ?

oviana?

Quand ?

anarana

nom

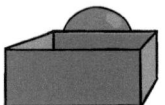

aorina

derrière

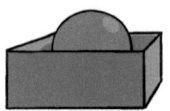

anaty

dans

anoloana

devant

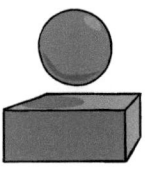

any

au-dessus

ambony

sur

ambany

en-dessous

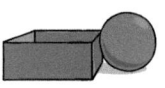

ankila

à côté de

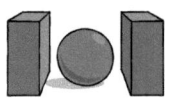

afovoany

entre

toerana

lieu